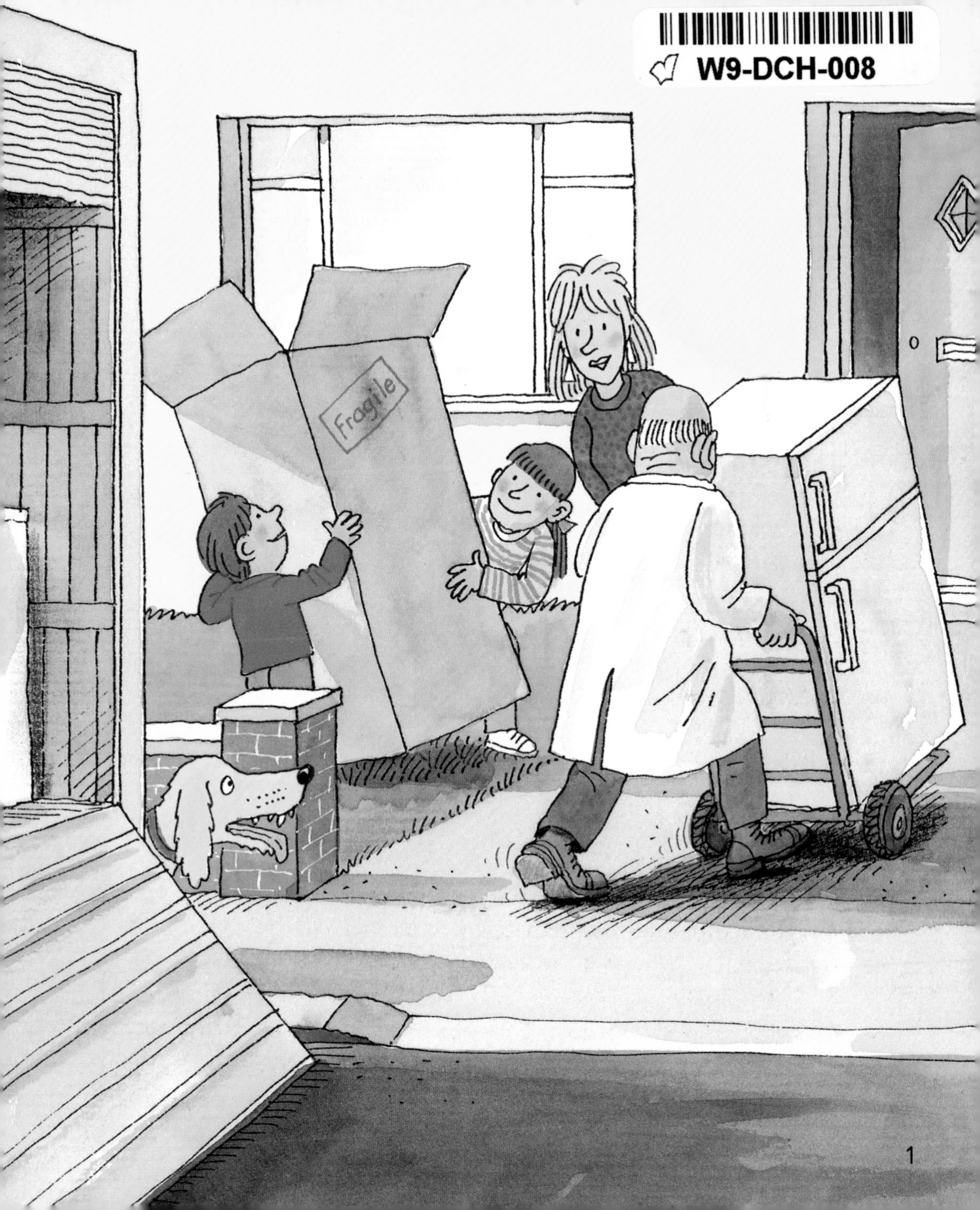
fragile

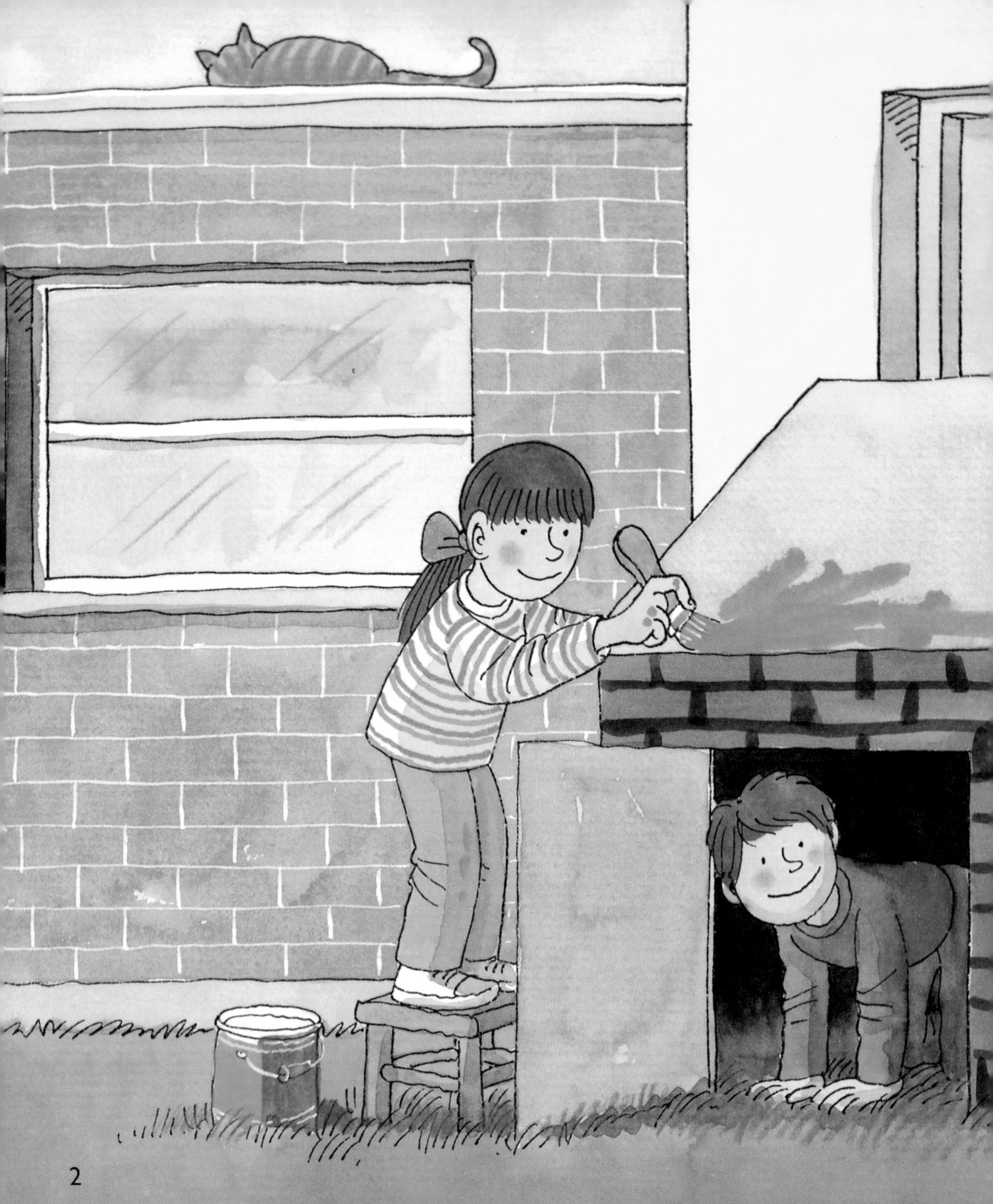

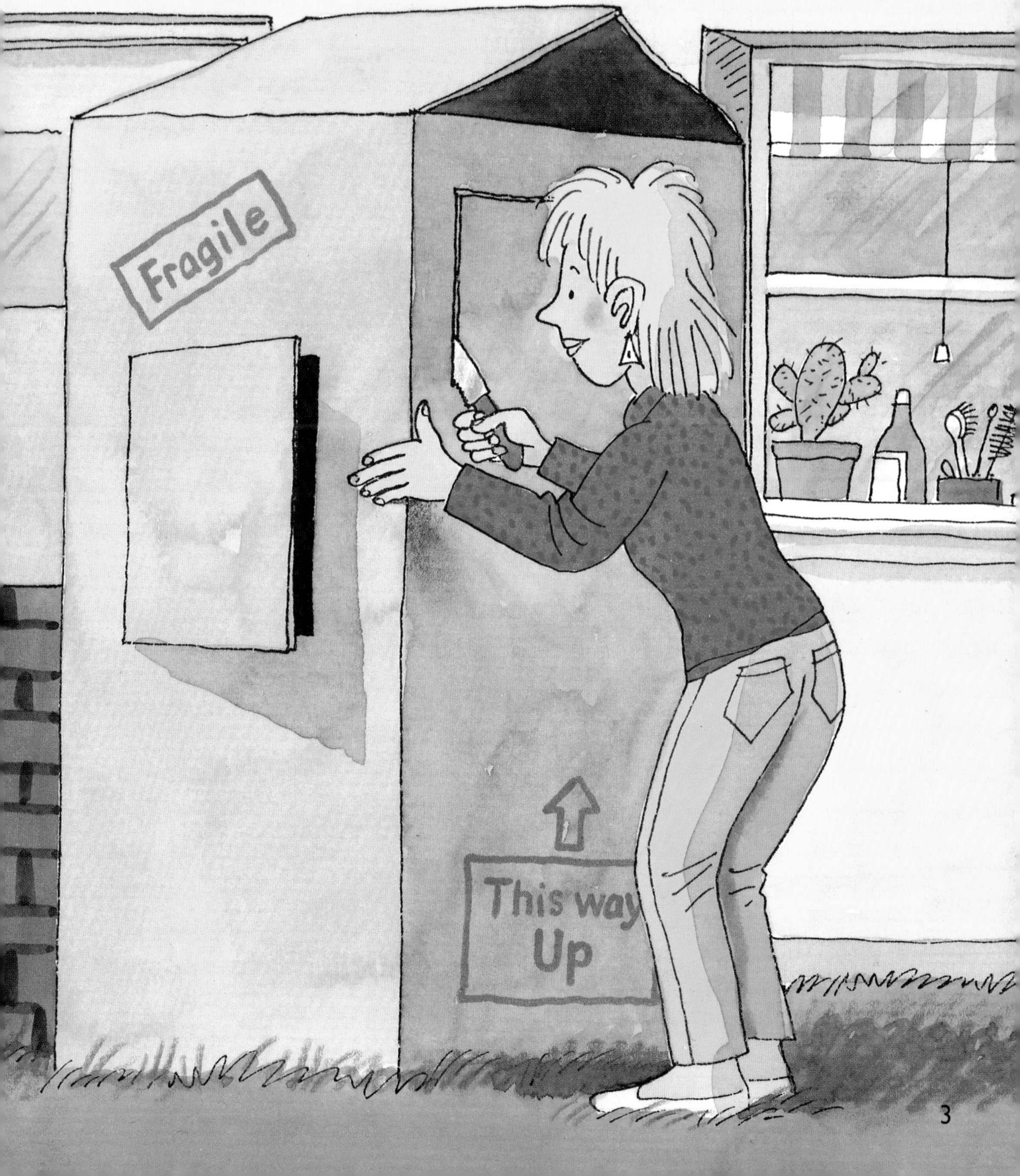
Fragile
This way
Up

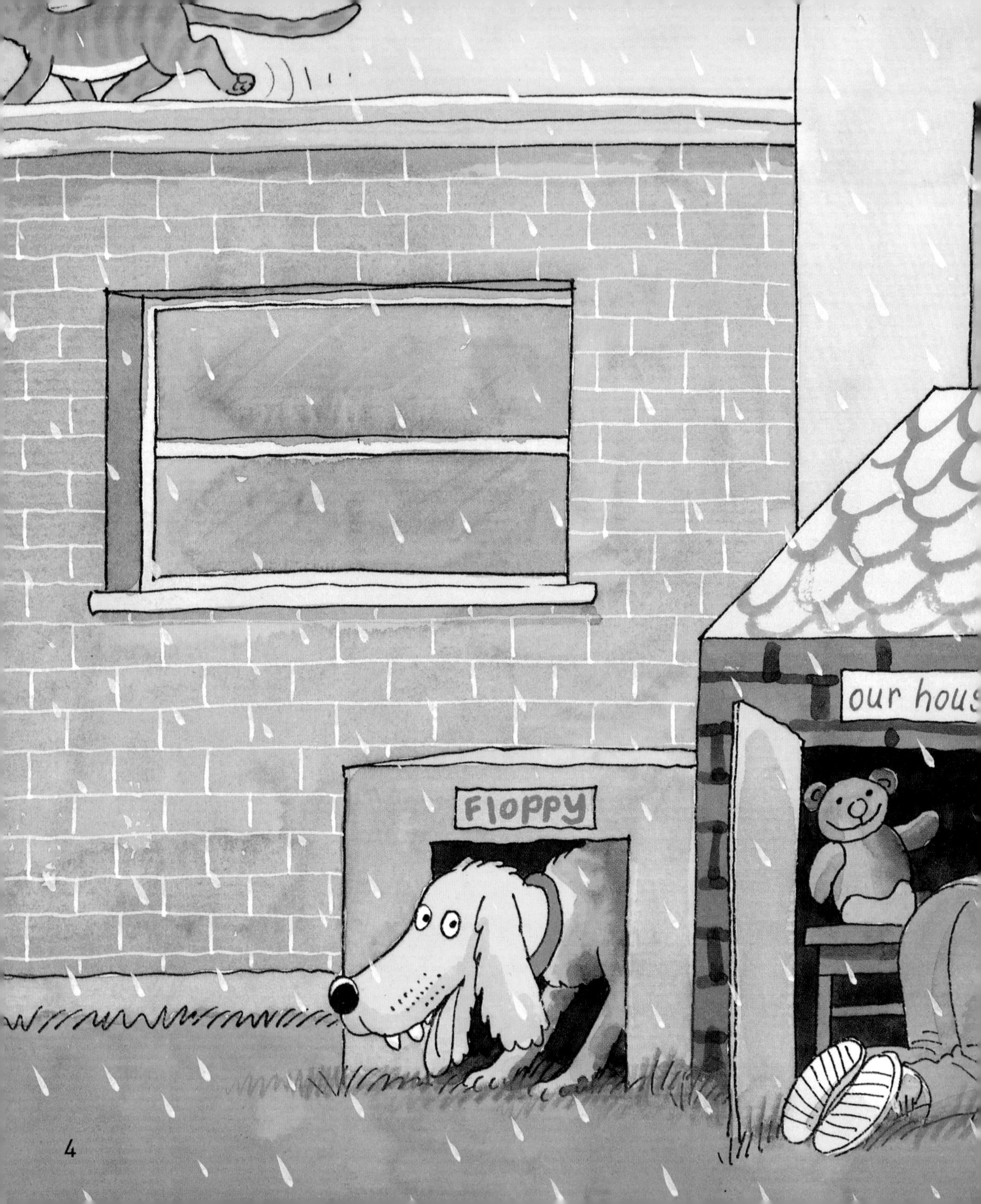
Floppy
our hous

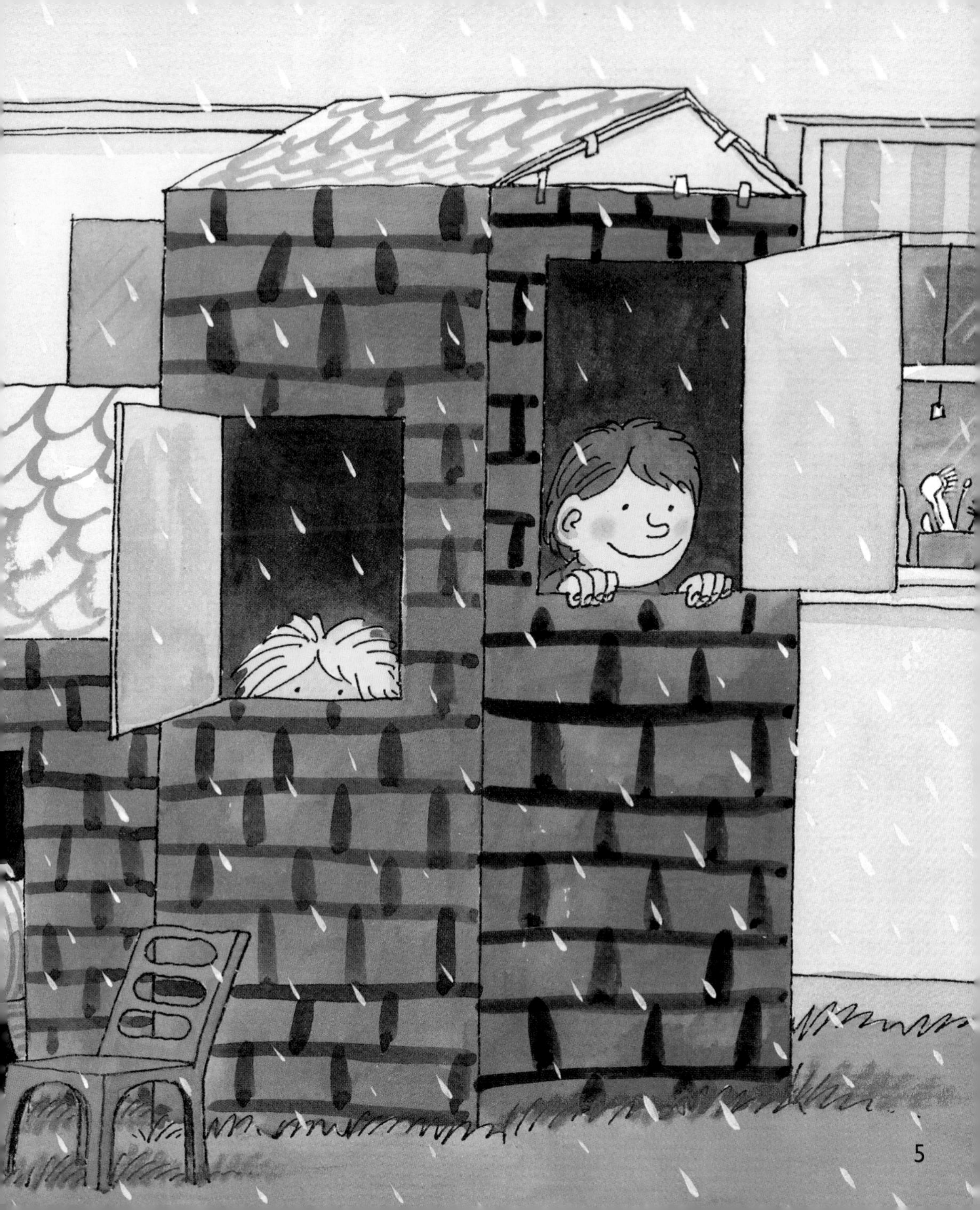

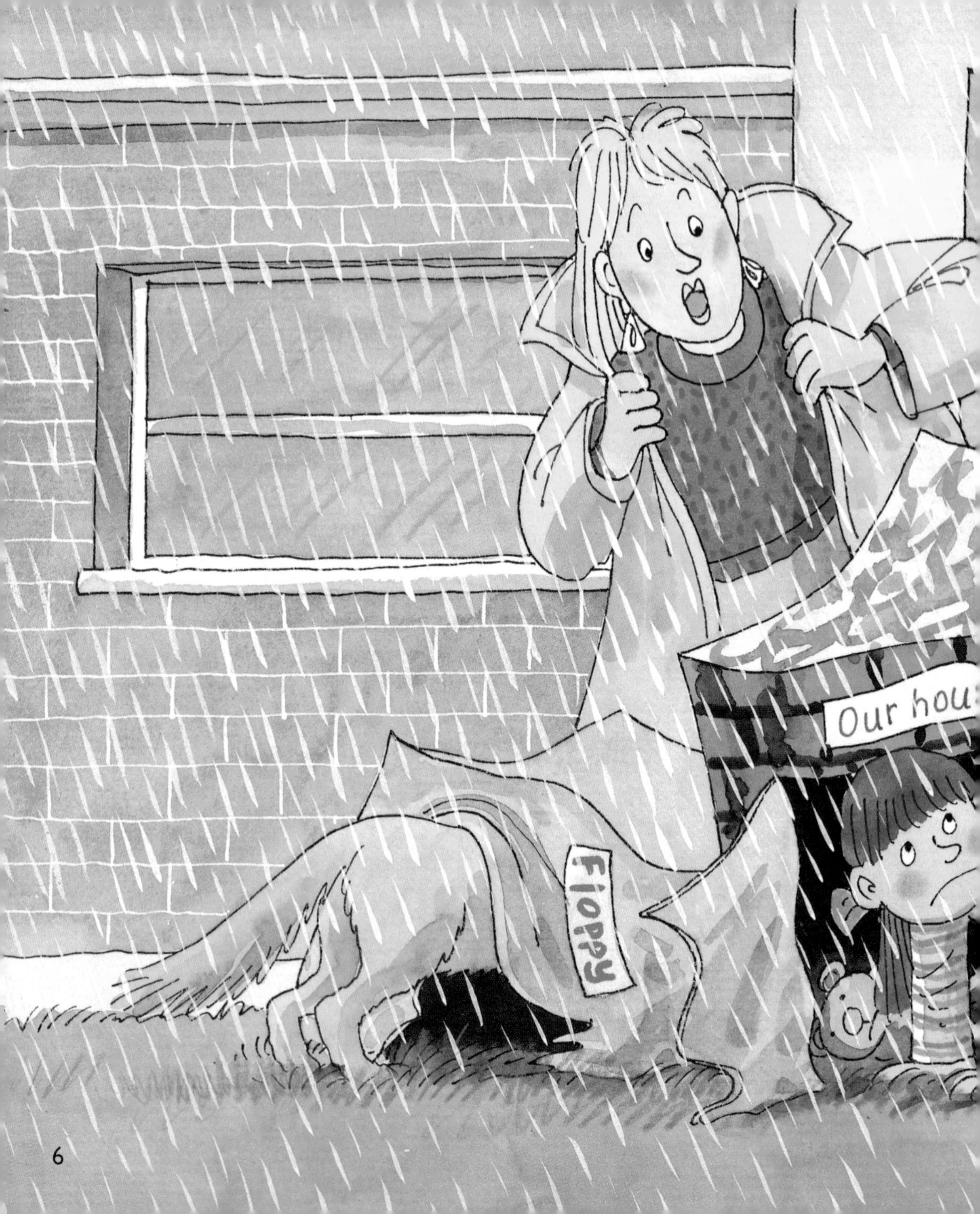
Our hou
Floppy

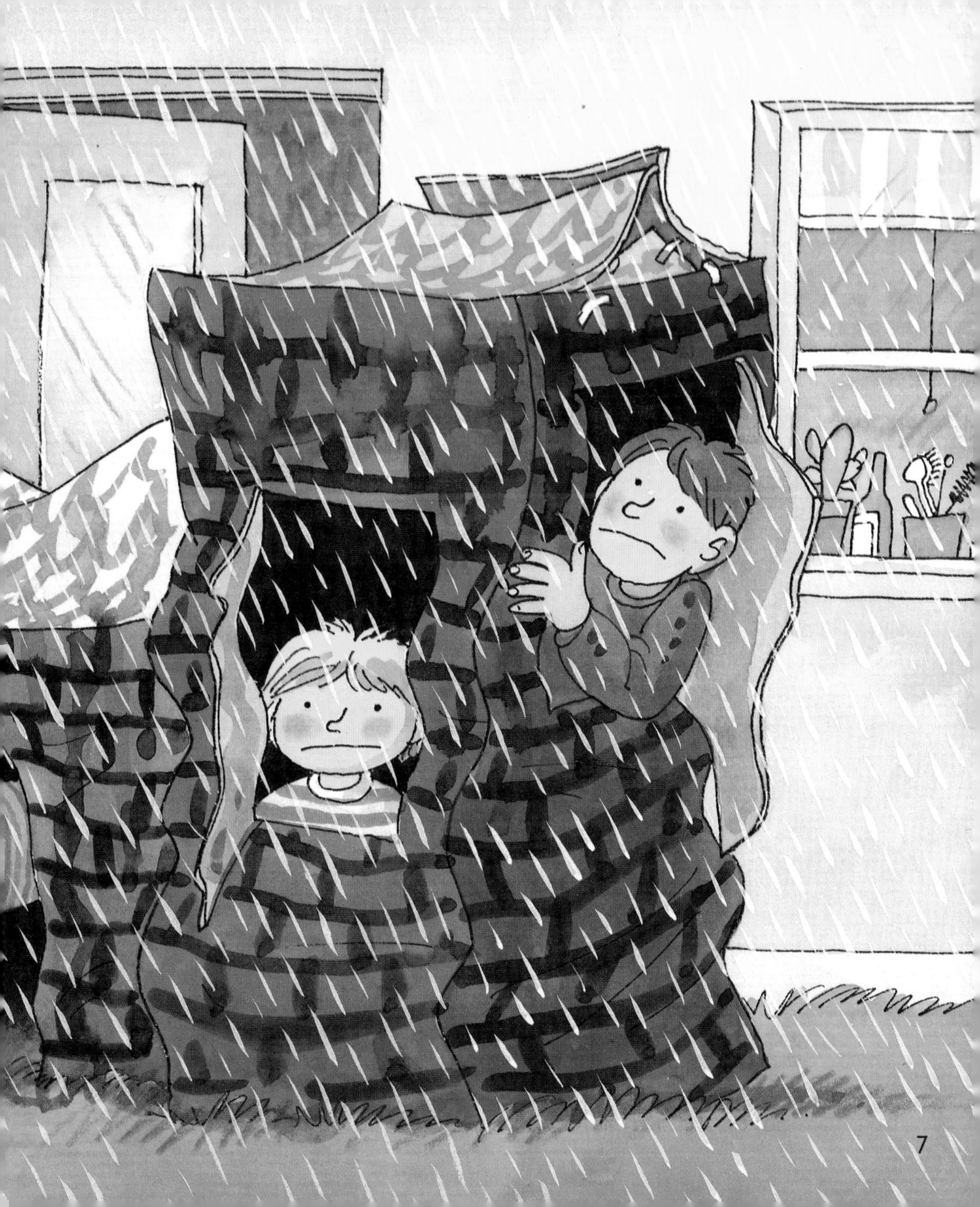

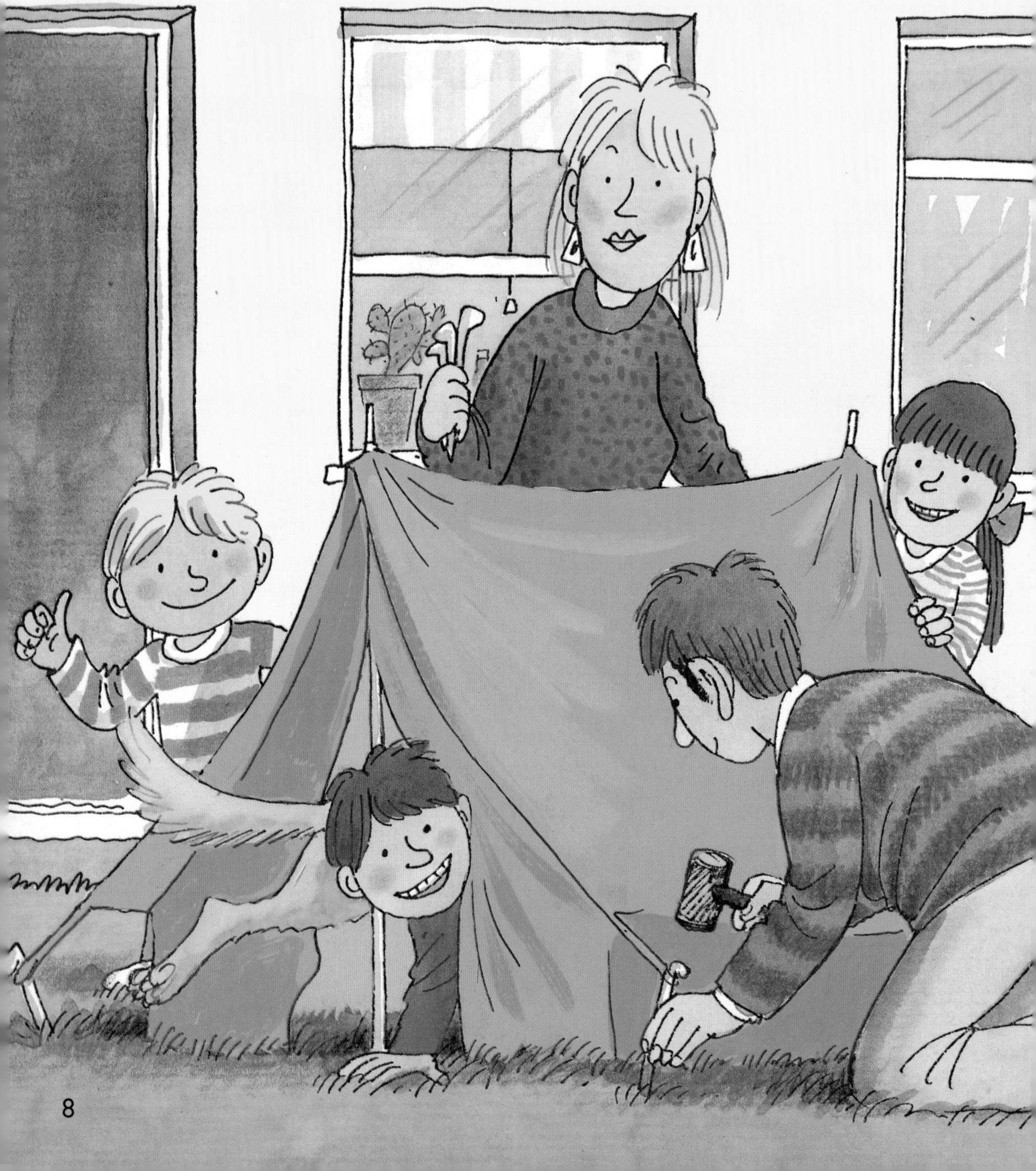